JN426209

이영순 제3詩寫集

사는 게 별것 있나요, 들꽃처럼 사시게

率天 李永淳

도서출판 대학서림

시인의 말

한해에 절반을 넘겨가며 코로나 19 괴질로 갇혀
생전 경험하지 못한 세상을 살며
이 만큼 건강하게 살아 있다는 것에 감사할 뿐입니다.

제3詩寫集 "사는 게 별것 있나요. 들꽃처럼 사시게"를
희수(喜壽) 기념으로 출간하는 계기에
더 넓고 깊은 시의 세계에서
인생을 노래하고 들꽃을 만나는 기쁨을
시로 융합하여 살아 있는 詩를 내 놓습니다.

詩란 무엇보다 먼저 읽어서 마음에 닿는
예술품이어야 한다는 자각으로
시로써 꽃을 피워 향기를 낼 수 있어
들꽃처럼 쉼 없이 피어나야
시로 사랑 받게 될 것입니다.
詩는 가슴으로 감동하고 조이고 걸러내어 전달되어야
생명이 붙습니다.

인생에 매력 앞에서 詩人은 결국 욕심꾸러기입니다.
그 욕심은 눈으로 즐기고, 그 매력을 지키기 위해
작품에 욕심을 내고 있습니다.
시에서 새로운 기쁨을 느끼는 향기가
어린아이들의 놀라운 말을 듣고 감탄하듯
詩도 어린아이에 언어처럼
감탄을 주어야 한다고 믿습니다.

내 詩는 모자라는 미학(美學)으로
시와 사진을 결합하여 들꽃의 미학을 내 놓아
살아있는 시를 쓰도록 자극 주는 문단 선후배님과
작품 활동에 격려를 하는 동문들과 동창, 친구들
가까운 지인 여러분의 고마움 마음 잊지 않겠습니다.

무지렁이 남편의 시작(詩作)과 사진 작품 활동에
박수를 주는 아내를 사랑합니다.
재미없는 아버지의 노후를 응원하는
두 아들 며느리 고맙고 사랑하네.
그리고 내 사랑하는 여섯 손주, 손녀 지원, 손자 정우,
지민, 재우, 지석, 지호
모두 건강하게 잘 자라 고맙고 행복하네.

끝으로 늘 아낌없이 도움 주는 고마운 친구,

죽마고우이며 중, 고등학교 동창

도서출판 대학서림 대표 윤진영 회장에게 감사드립니다.

2020년 8월 28일

양주골 산촌에서

율천(率天) 李永淳

이 영 순

차 례

제1부 그냥 살지요

제2부 달개비 꽃 소야곡

제3부 연꽃처럼 여름 사시게

제4부 가을 빛 선물

제5부 임금님의 길을 걸으며

제6부 겨울에 쓴 편지

제1부

그냥 살지요

길

그대 가는 길에 동행 있다면 좋고,
혼자라도 상관없네
어차피 길은 혼자 걷는 고행(苦行)이니
이냥 저냥 걷다가 쉬엄쉬엄 가고자 하는 길 가시게나

길 가다
꽃 만나면 꽃과 이야기 하고,
구름 만나면 시원한 나무 그늘 아래 쉬어가시게

눈비 오거든 눈비 맞으며,
바람 만나면 바람 따라 가시게
산 만나면 산 넘고,
강 만나면 물 건너가시게
가고자 하는 길 그냥 내 갈 길이라 여기고 가시게

사람 사는

길

한 가닥 꿈 안고 걸어가는 외길이라네

이야기

고기들 모여든다
물고기야 어디에서 오느냐

물속에 고기들 모여 이야기 한다
빈손으로 오셨군요
처음 오셨군요
오실 때는 먹이 가져오셔야지요

꿈에 황금 잉어 품에 품으면
귀한 아기 잉태한다는 태몽이라 하던데
그래서 우리 손녀 얻은 꿈이라 했다

꽃 보러 왔다 덤으로

물 아래 물고기 만나 이야기 한다

귀한 사람이 오신다던데

언제 쯤 오신다고 하던가, 아느냐

모닝커피 Morning Coffee

아침이면
여과지(濾過紙)로 커피를 내린다

날마다 아침이면
설탕보다 달콤한 사랑을 부어
두 잔(盞)에 모닝커피(Morning Coffee)로
아내와 사랑을 나눠마신다

오월에 피는
마로니아 꽃향기처럼
아침에 내려 내놓는 커피 향이 좋단다

앵두 익어가는

사랑이 빽빽하게 달리는
앵두 익어가는 유월이 오면
대문 밖에서 녀석들 뛰어 들어오려나

가지마다
빨갛게 불 밝히며 앵두 익어 가는데,

아이야
어서 오거라
앵두 익어 촘촘히 매달려
나뭇가지 휘어져 땅에 끌리겠네

앵두 떨어지면 못 얻어먹는다 21
어서 오너라

함께 꽃길 걷는 사람으로

세상살이 편한 곳
어디 한구석이라도 있는 사람이 그리 많겠는가

가난했던 젊은 시절
가슴에 묻어둔 아픈 이야기를
하소연 할 수 있는 사람이 흔하겠는가

저녁노을 함께 바라보며
눈이 부시게 그리움 토할 수 있는 사람 기다리며,

젊은 날 장밋빛 인생보다
아주 멋진 가을날
코스모스 꽃길 같은
인생에 가을 길 함께 걷는 사람으로 살고 싶습니다

참나리 꽃 보면

개개비 둥지에 작은 날개 펴
새끼 뻐꾸기 지키는 아침
뻐꾹새 제 새끼 불러대는 노래 토해야
피 빛 참나리 꽃은 피고,

참나리 꽃 수술 여섯 방망이는
산사(山寺)에 아침예불 목탁 두드리는 소리 같고

암수술 하나는
나를 잊지 말라는 간절한 충정이 살아 있는 자태 같고

참나리 꽃 보면
마치 북괴군 남침 있던
유월 그날에
맨주먹 붉은 피로 조국을 지키다 산화한 전우(戰友) 같고,

유월 그날이 내일 모래
휴전선 철조망 안에 갇혀있는
녹 슬은 철모 같은
참나리 꽃이 유난히 붉게 보여 가슴 울리는데,
참나리 꽃은 유월을 노래하며 핍니다

도토리 묵사발 한 그릇

산에 사는 다람쥐, 멧돼지
산에는 먹이가 없어
산 짐승이 산 아래 마을을 누비나 보다

그런데
도토리 묵사발이
목구멍으로 넘어 가냐 인간들아
어디서 많이 듣던 말투 같구나,

여름 한 철
입맛 돋우는 데는
도토리 묵사발 한 그릇이면
먹거리로는 제일이네

어지러운 세상에
도토리 묵사발 한 그릇 먹는 것이 죄짓는 일 아니라네
다 살자고 먹고 하는 일인데
탓하지 마시게

배꽃 피는 4월에 고백

나는 배꽃 만나는 기쁨으로
4월 하루를 캐며

하얗게 배꽃으로 덮인 배 밭에
졸고 있는 두견새
낮잠에서 깰까
까치걸음으로 배꽃 바라보며
배꽃처럼 하얀 고백을 합니다

남북으로 쪼개진 세월 70년
그것도 모자라 동서로 갈라선 국민감정을 만들어 낸
잔혹한 4월에 피는
하얀 배꽃처럼
대낮 같이 환한 세상, 순결한 세상 살아가게 하소서

그냥 살지요

왜 사느냐 물으시면
내 대답은
그냥 살지요

사는 게 별 것 따로 있나요
꽃피면 꽃 따라 노래하고
비오면 빗소리 들어가며 마음 적시고
바람 불어 낙엽 떨어지면
낙엽 구르는 소리 박자 맞춰 깔깔 웃고
눈 오면 눈 내리는 소리 자장가 삼아
귀 열어 가며 그냥 이렇게 살지요

사는 게 별것 있나요
세상 더불어 사는 것
남들처럼 이렇게 그냥 들꽃처럼 살지요

쉬어 가시게

바쁘신가
오라는 곳이 따로 있으신가
바쁘다 마시고 잠시 숨 돌리고
파란 하늘에 흰 구름 유영(遊泳)하는 평화로운
하늘 한번 올려보시고,
쉬어 가시게

그래도
길 떠나고 싶은가
혹시 가다 갈 곳 잃어
아직 갈 곳 못 정했거든
바람 친구 삼고, 풀, 꽃, 나무 길동무 삼아
쉬어 가시게

오늘만 날인가

내일도 있고 허구한 날

자고 나면 새날이 다시 밝아오네

여기 쉬어 갈 의자(椅子) 마련 되어있네

새털 같이 많은 세월 가다 못 가면

쉬어 가시게

푸념 – I

나는 날마다 아침이면
풀 섶에 핀 나팔꽃처럼 아침을 맞이하고 숨을 쉰다

목마르면 물마시고
어깨를 활짝 피고 아침 해를 향해 걷는다
나는 나팔꽃처럼 아침이면 꽃 피우고 나발을 불듯이
꽃을 보며 인사 나누고 시(詩)로 푸념을 토한다

미국이 고향인 하얀 꼬마 나팔꽃처럼
나도 고향 왕십리 떠나
공기 맑은 산촌(山村)으로 이주(移駐)해 온 시골뜨기로
산다
그래서 나팔꽃은 나와 동색(同色)이다

푸념 – II

위, 아래 없이
한반도를 오르락내리락 거리며
물 폭탄을 쏟아대는 가을장마가 밉다

비에 산에 오르지 못하니
가을장마가 징그럽게 무덥던 여름 무더위보다 더 밉다
신작로에 물이 불어나고 천변 간선도로가 넘쳐
달리는 자동차가 물에 갇혀
아까운 목숨을 앗아가는 가을장마 물 폭탄이 무섭다

새벽에 내린 비에
들꽃 달개비 꽃이 말갛게 씻은 얼굴로 반긴다
이렇게 여름은 가고 가을은 오니 안달을 떨지 말아야
한다

날이 반짝 개어

산에 오르니 계곡물 넘쳐흘러

디딤돌 딛고 계곡을 건너야 한다

불어난 계곡물이 요란하게 푸념 하듯 소리 내어

산을 울리며 가을 깊숙이 가나보다

푸념 – Ⅲ

꼭 이맘 때 쯤
추석 명절이 가까워지는 무렵이면
독버섯처럼 사회 구석구석 악에 씨앗이 번성하고

가을비가 남긴
꽃보다 곱고 예쁜 이름 모를 독버섯이
음지, 양지 가리지 않고 썩은 나무 등걸에 기생하며
눈길을 유혹한다

개중 어느 착한 버섯은
실종된 태극기처럼 뚜렷하게 피어
애국가라도 부를 기세로 우뚝서있다

그대 있음에

그대 있음에
그리운 사람에게 그립다 하고
사랑하는 사람에게 사랑한다 말하는
향기로운 인생을 꿰매
장미 한 송이 보냅니다

그대 있음에
나는 행복합니다

촉석루에 오실 때는

촉석루에 오실 때는
비 개인 날,
안개 걷힌 맑은 날 오십시오

나라 생각하는
팔팔한 나이 아니어도
적장과 손잡고 포옹하는
그런 널뛰는 세상 걱정 들거들랑
진주 남강 촉석루로 오십시오

남강 푸른 물에 나라 위해
목숨 던진 논개의 혼을 배워
내 나라 살리겠노라 노래 부르며 오십시오

누가 다듬다 말았는가

어디서 굴러왔는가
산골짜기 계곡물 속 잠긴
부처 상호 닮은 그냥 맨 돌이라 하는가

누가 조각하다
세월 모자라 다듬다 말았는가
아니면 풍파(風波)에 깎여
저절로 여리고 가난한 불상으로 현몽(現夢) 하였는가

어제 밤 꿈속에
나타난 부처가
오늘 발길 이끌었는가 보다
세월 가도 석불은 살아남는가 보다

계곡 물속 미완(未完)의 석불(石佛)
아마 이름 없는 석수(石手)가
세월 모자라 다듬다 말았는가 보다

장독대

봄빛 따가운
돌담에 기댄 장독대
어머니 손길로 뽀얗게 윤기 흐르는 항아리
배부르게 그리움 품는
장독대 섬돌아래 노란 민들레꽃
우리 엄마 웃음이 꽃피는 것 같고,
허리 굽은 할미꽃은 어머니 같고,
살색고운 철쭉은
항아리만큼 배 불룩한 그리움 내밀고
어머니 손길 기다리며 봄날에 산다

춤추는 새여

새야, 새야
하얀 백로 새야
찬 겨울바람 부는 이른 아침
온 식구 빠짐없이 다 모여
봄은 멀었는데 물위에서 봄을 입에 물고 춤추는 새여

흰빛 하얀 백로 가족
손자 손녀 아들 딸 며느리 사위 다 모여
물빛 음악 삼아
지휘자 따로 없이 잔잔한 여울 밟고 아침을 펴내는
봄맞이 춤추는 새여

머지않아

설날이 오면 떠나 살던 식구 다 모여

하얀 백로 가족처럼 우리 함께 춤이라 추자구나

얘들아

하루살이 아기 원추리

한 줄기로 태어나 차례대로
하루걸러 꽃 피는 하루살이 아기 원추리 꽃이

오늘 아침 왕십리 내 고향집 장독대 너머로
고개 내민
이웃집 새댁 쪽진 머리처럼 나란히 핀,

원추리 하루짜리 긴 여정
번갈아 가며 원추리 하루살이 꽃노래 부른다

제2부

달개비꽃 소야곡

달개비 꽃 소야곡

장마 멈춘 칠월
산길로 마중 나온
청보라 빛 삿갓 쓴 달개비 꽃
눈알 빨갛게 부릅뜨고
혀 길게 내민 개구쟁이 얼굴로 아침 열면

어제 온 손님처럼 비 맞으며
아침 문안 올리는
청보라 빛 삿갓 쓴 달개비 꽃

새벽
순간의 기쁨 노래 부르는
청보라 빛 달개비 꽃에서
한해살이 소야곡(小夜曲)을 듣는다

참으아리 꽃으로 피어나라

피려나 보다
꽃피려나 보다
들꽃 피려나 보다

하얀 햇살 받아 새벽에 마중 나온
넝쿨로 줄달아 핀 참으아리 꽃

꽃받침 만나고 간 바람 아니고
선녀처럼 나타난
참으아리 십(十)자 꽃받침 위로
피어나는 꽃

회전 로터리 오거리 지나
네다섯 헛꽃 잎 꽃받침에 그리움 안고
줄지어
흰빛 참으아리 꽃으로 피어나라

복주머니란 Ⅱ

오월 하늘에
복주머니 달아 놓아
복을 담아내는
광릉복주머니란 만나러 가보았지

고운 이름
복을 담아 피어나는 란(蘭) 꽃이
새장에 갇힌 새처럼
아니면 어느 여(女) 대통령 같이
옥중 피어난 꽃이 되었는가

윤기 자르르 흐르는
예쁜 모습으로
백성에게 복을 나누는 복주머니 달고
나누고 베푸는 꽃이

올해는
외국에서 광릉으로 모셔온
가지각색 복주머니란 꽃으로
"복사세요." 복주머니 흔들며
자리 옮겨 옹기종기 세계의 복 모두 담아 몰아 피었네

은방울꽃에서

은방울꽃은
사기 간장 종지 엎어 논 듯한
뽀얀 꽃을
사기접시 위에 올려놓으면 은방울 구르는 소리 나고,

은방울꽃에 귀 기울이면
외양간 황소 모가지에 달린 워낭소리 나고,

은방울꽃에서
제사상 놋대접에 젓가락 올리는
소리
울 엄마 혼백 부르는 소리 날 것 같은,
은방울꽃에서 뽀얀 은방울 소리 난다네

각시붓꽃 피기까지

각시붓꽃은
성질 급한 여인처럼
소리 소문 없이 아침에 꽃봉오리 내밀다
참지 못하고 그새 눈부신
햇살 비추는 봄날
바람에 꽃잎 날리며 보랏빛 꽃 피웁니다

필 자리 가리지 않고 피는
키 작은 난쟁이 각시붓꽃 피기까지
기다리지 않을래요

각시붓꽃은

매양 내 곁 지키는

내 각시를 위한 봄꽃이기 때문입니다

벚꽃

얘야
벚꽃 피었다
오늘 누구든지 나 찾거들랑
벚꽃 만나러 산에 갔다 일러라

고새 참지 못하고
벚꽃 바람에 날아 꽃비 내려
흐르는 봄에 날아가지 않도록
붙잡아 놓고 온다고 하여라

병 꽃 합주合奏

산 그늘아래
병 꽃나무에 바람 스치고 가면
나팔을 불어라

병 꽃 산을 깨우는 아침
산새 잠 깨어 노래하고
산은 병 꽃 합주(合奏)로 산울림소리 요란하다

나팔을 불어라
GP근무 병사(兵士)가 부는 기상나팔 소리
아니고
북한군이 쏜 기관총 총알 날아와
우리 GP 초소(哨所) 벽에 맞고 튕겨 날아간 뒤,
산이 병 꽃으로 비상 나팔을 부나보다

병 꽃은

하얀 혓바닥 내밀어 나팔을 부는 것처럼

산에는 병 꽃으로 떠나가는 봄을 합주(合奏)한다

개망초 꽃이

흐드러지게 핀 풀밭이
꼭 메밀꽃 핀 것 같아 다가 가 보니
아직 일러 메밀 꽃 피긴 멀었고
주인 없는 빈 들판이
온통 하얗게 꽃 피어 개망초 천국이더라

이 꽃 풀 아니고
들꽃으로
사랑 받고 사랑 주는 꽃

때 가리지 않고
여름날 졸지 않는
커다란 눈으로 하얗게 피는 꽃

누굴 기다리나
기다려도, 기다려도 오지 않는 임
망초(望草) 되어

눈이 부시게 세속에 물들지 않고
순결(純潔)하고 끈질긴
여름 사는 하얀 개망초 꽃이

매화 꽃 피었습니다

기다리는 임
성녀(聖女)처럼 꿈에 보이던 임
매화 성긴 가지에 달린
꽃송이만큼 그리움이 서려 있어 그런가

간밤 기다리던
매화 꽃 피었습니다

달빛 비추는 미닫이 들창문에
매화 꽃 그림자 드리워지면
온다고 언약한 임 오시려나,
소식 없으니 글렀는가 모르겠네

배꽃 필 때

잔을 들어 축배를 마시세

하얀 거품 불어내며
한잔에 봄을 마시는
4월에

배 꽃 잎 바람에 나부끼면
나는
또 하나에 봄을 위해
하얀 축배를 들어 4월에 배꽃을 노래하네

4월 가기 전
노래에 맞춰 봄을 메달아 놓고
하얀 미사포 쓴 것 같은
수도원에 가득 배꽃 핀,

신부(新婦) 앞가슴에
꿈 품은 부케 같이,
하얀 4월에 피는 배꽃을
나는 정말 사랑합니다

생강나무 꽃에서

생강나무 꽃송이로
노란 꽃 둥지 틀어 봄을 낳는 산 아래

노란 웃음으로
봄을 캐는 생강나무는
노란 봄 향기 낳고
생강나무 꽃 범벅으로 줄지어 피어 봄을 적시는데

긴 겨울잠에서
눈 부비고 나온
생강나무 꽃에서 노란 봄을 따는 아침

생강나무,
그리움 품고 노란 꽃향기에 취해도 좋으련만
노란 생강나무 꽃으로 답장 없는 봄 편지 대신합니다

진달래 꽃밭에서

진달래꽃 병풍 두른 듯
진달래 꽃빛으로 물들면
꽃보다 아름다운 추억 생각난다

생각난다
봄비 맞아 물 먹은 진달래 꽃잎에서
마치 갓 깎아 놓은 참외 상큼한 맛처럼
그 사람이 생각난다

진달래 꽃 바람, 봄바람에
우리 사랑이야기 엮어
진달래 꽃빛 물감으로 손 편지 써 보내면
그 이도 나처럼 기다리고 있을까

진달래꽃에서는
온실 딸기 같이 달콤한
그 사람 생각난다
진달래꽃 필 때면 그 사람 생각이 절로 난다

할미꽃으로

꼬부라진 할미꽃
싹 날 때에 늙었나, 꼬부라진 할미꽃
털보송이 할미꽃에서는
허리 굽은 우리 장모 생각나는 꽃,

무덤가에 피는 꽃 아니고
고개 숙이고
눈이 빨개지도록 자식오기 기다리는
엄마의 기다림이 미소로
모든 자식에게 행복한 마음 적셔주는 꽃이라네

흰 제비꽃 보면

흰 제비 날아오면 길조(吉鳥)라 하여
마을이 떠들썩한 것 같이
흰 제비꽃 피면
절간에서 헌식(獻食)으로 내놓는 공양(供養)처럼
하늘이 돌려주는 나눔의 꽃이게

흰 제비꽃에서
아기 부처 손가락 끝부터
향수로
초파일 관불(灌佛)하는
불심(佛心) 보듯
흰 제비꽃에서
마음이 꽃보다 아름답고 사랑스런 아내를 본다

달맞이꽃에서

달 밝은 밤
달맞이 하다 졸고 있는
달맞이꽃에
달빛처럼 쏟아지는 아침햇살 같이

달맞이꽃에서는
줄거리 없는 이야기 밤새워 뽑아 나오고
이야기 중심 대목은
달빛 보며 고향 그리는 내 모습 같은

금빛 저녁노을 내려앉은
달맞이꽃에서
옛날 왕십리 기동차 철로 길 따라
어릴 적 추억 피어나는 아련한 꿈같은
반짝이는
반쪽자리 내 시(詩)가 하루를 짠다

까치수영 꽃

여름밤에 소나기 쏟아 붓더니
까치 울며 흘린 풀밭에
까치수영이 하얀 배를 들어낸 듯이 누워있고

아카시아 꽃 지고
여름빛 나뭇잎은 가시처럼 칸칸이 들어박히고
아카시아나무 꼭대기 까치집에 새끼까치 날아간 빈 둥지
어미는 풀밭에 흘린 까치수영 보며
제 새끼인줄 아는가 보다
까치 울음소리 쩌렁쩌렁 요란하게 산을 쪼개는 아침

새벽 비 그치고 하늘에서 은하수 내려와
유선형 별꽃 낳았는가 보다

깽깽이 풀

꽃인데 풀이 아닙니다,
아름다운 봄꽃입니다

연잎처럼 생긴 잎에
키 작지만 올망졸망 모여
가늘고 긴 꽃대에 보랏빛 꽃 피우는 들꽃
씨앗에 꿀샘 빨아 당분을 먹는 개미 덕에
씨껍질 벗겨져 개미 발걸음만큼 번식하는 들꽃

해금(奚琴) 켜는 악동(樂童)
손끝에서 소리 나는 꽃처럼 아름다운 꽃
강아지 깽깽 짓는 이름 아니고
바쁜 봄날 게으른 한량(閑良) 같이 넉넉한 꽃

그러나 안심하세요

우리는 그대를 풀이라 부르지 않고 들꽃이라 부릅니다

봄꽃 금낭화

여보
아침나절 나 찾는 사람 오시거든
봄날이면 바람난 수캐처럼 산으로 갔다고 전해 주시구려

생전 듣도 보도 못한 코로나 바이러스로
집에 갇혀 지내다
고작 반나절
들꽃 찾아 산과 들로 나다니는데
오늘은 어떤 봄꽃 만날까

사월 초파일 절간 앞마당에 줄줄이 달린 연등처럼
색동저고리 금박물린 연초록 치마허리 춤에
복자(福字) 빨간 돈주머니 달고 오는 꼬마 아가씨 같은
봄꽃 금낭화를 골라 만났으니

새봄 만남이 행복인데,
많은 들꽃,
봄꽃 중에 금낭화 만나는 인연이 행운 아니고 무엇이겠소

참 마리 꽃

숲속 여기저기 가리지 않고 피는
꽃말이 아주 예쁜 참 마리 꽃
제 설자리 아는 귀엽고 하얀 참 마리 꽃이 좋아

참 마리 꽃은
머리를 양 갈래로 따 묶은
숲속 요정처럼 아주 예쁜
하얀 꽃 머리에 꽂고
춤추며 여름을 걷는 이 꽃이 좋아

얼굴 내밀고 재롱부리는
꽃 이름 참 예쁜 꽃,
하얀 숲속 요정,
참 마리 꽃이 좋아
덩달아 숲속 들꽃에 빠져 삽니다

꽃 며느리밥풀 꽃

발갛게 바래인 입술에
밥풀 두 알 물고
양반 체면에 입 못 다물고
어두운 부엌 부뚜막 아궁이 앞 며느리 아닌,

가마솥 뚜껑 열리는 소리
배 곪은 며눌 아기
밥 짓다 밥풀 두알 입에 물고
시엄씨 구박 듣고
붉은 입술에 밥풀 두알 물고 죽은
이름 가련한 꽃 며느리밥풀 꽃

한 끼라고
배불리 먹어보지 못하고
시 어머니 질투에
미워도 원 없이 밥이나 먹고 살 것을
옛 이야기 들어 서러운 꽃 며느리밥풀 꽃

섬돌 아래 초롱꽃을 보며

섬마을 주막
초동(樵童) 초롱불 바쳐 들고
앞장 서 가는 풍경처럼

동궁(東宮) 월지(月池)에 띄운
그믐 밤 연등처럼
철부지 계집애 머리띠에 달린
구슬 같이

초롱꽃에서는
집으로 돌아오는
배 불떼기 황소 모가지에 달린
워낭 울리며
여름 나는 소리 들린다

백작약白芍藥처럼

5월
꽃 잎 하얗게 팔락이며
얇은 살결에 향기 털어내는 날,
알싸한 새색시 화장한 얼굴을 보듯

백작약 꽃에서
아침 출근 길 전철 안에서 쫓기며
화장하는 숙녀 손에 쥔 손거울 속 얼굴 훔쳐보듯
얼굴 발갛게 달아오른
피곤에 찌든 회사원처럼

5월에 피는 하얀

백작약(白芍藥) 향기에 숨어

청춘을 피어내며

나는 백작약처럼 오월 하루를 산다

양지꽃 작은사랑 편지

햇살 부신 봄날
양지쪽
노랗고 올망졸망 피는 들꽃

있는 그대로, 자연 그대로
친구 같은 풀꽃,
그대가 가장 좋아 할
사랑스런 양지(陽地)꽃입니다

샛노란 꽃빛으로 버무린
작은 사랑스런 들꽃

봄 뜰로 마중 나온

양지꽃 한 떨기로

봄소식 담아 양지꽃 내 작은사랑 편지 띄웁니다

참으아리 꽃 피었네

꽃 피었네
올해도 뻐꾸기 울음소리 쫓아
참으아리 꽃 피었네

밤새 기다리다
하얀 새벽 햇살 받아 마중 나온 꽃,
넝쿨에 줄달아
오직 오늘을 위해 참으아리 꽃 피었네

피어날 때
스르르 여는 소리는
신비로운 세상을 여는 소리,

꽃보다 꽃받침이 더 고은
흰빛 참으아리 꽃
방금 내 눈앞에 찬란하게 꽃 피어나고 있네

서울제비꽃

양지쪽 언덕
꼬마 계집애들 옹기종기 모여
차돌맹이 공기 돌로 공기놀이 하며
합창(合唱) 노래 들리는 그림처럼
타향 산길에 서울제비꽃 모여 조잘거리는 봄날

마치 신화 속에 사랑의 신
비너스에 농락으로
양치기 소녀 이아가
작은 키 제비꽃이 된 슬픈 사랑 이야기처럼

너도 나처럼 고향이 서울이냐
작은 키 서울 제비꽃
도토리 키 재듯 산길에 오밀조밀 모여

서울 하늘 바라보며
제비꽃 혀 짧은 봄노래처럼
고향 땅은 여기서 얼마나 되나

노루발 풀꽃 피는데

소나무 아래
발자국 남기고
산으로 내 뺀 새끼노루 부르듯
딱따구리 아침부터 산을 깨우면

유월의 향기 남긴
솔숲에
풀꽃 가족 옹기종기 모여
노루발 풀꽃 피는데

이대로
유월에 유혹처럼
연초록 노루발 풀꽃 피는데
풀꽃은 마른 꽃대로
나처럼 또 한해를 기다리며 살아야 하나 보다

광릉개불알꽃

광릉요강꽃 피었나 가보았지

5월 들어
광릉수목원 나무 울타리 속
광릉요강 꽃 힘겹게
얼굴 삐죽 내밀고 외롭게 두세 송이 피었네

아름다운 자태보고
“오래만 살아다오”라 붙인 이름
천(賤)한 이름으로 불러주면
오래 산다는 옛 어르신 말씀 같이
우리 곁에 오랜 세월 꽃 피워다오

나는 광릉요강꽃 다른 이름
광릉개불알꽃 만나 신명 나게 춤추었네

광릉복주머니란蘭

황금잉어 주둥이 같은
복주머니에 맑은 향기 가득 채워
오월에
절로 피는 광릉복주머니란

어릴 때
윗동네 배꼽대장 복순이
점심밥 한 양푼 비벼 먹고
배 내밀고 마실 나오던 모습처럼
배불뚝이 복주머니란에 행복한 인생을 담는

복사세요
희귀한 광릉복주머니란
볼록한 주머니에 행복 채울 만큼
지정석(指定席) 없이 잔뜩 피는
빨간 줄무늬 광릉복주머니란 꽃 109

그런데
그리움 가득 담아
철창 속에 갇힌 채 피는
외로운 광릉복주머니란 꽃인 걸 이제야 알았어요

자유를 그리워하며 피는
빛 좋은 광릉복주머니란입니다

배꽃 마주 하며

어서 오십시오
불암산 아래 배 밭에
기다리는 배꽃 피었습니다

배꽃처럼 하얀 교복 입고
교문 들어서는 청초한 여고 신입생 같이
놀랜 토끼눈으로
하얀 배꽃 덮인 산 아래 배 밭에 오시면

산에서 불어오는 꽃바람에
너울너울 배꽃 춤추는 사월
그날이 오늘
하얀 배꽃 향연(饗宴)
혼자 보기 아쉬워 배 밭으로 모십니다

마치 하얀 교복 입고
음악에 맞춰 걸어 들어와
조회대 앞에 줄지어 선 여고 신입생 마음 같이

나는
봄이 선물하는 배꽃 향연에 빠져
비단처럼 고운 꽃잎
하얀 배꽃 마주 하며 4월에 삽니다

봄꽃에 산다

창밖에 매화나무 가지
촘촘히 박힌 매화 꽃 봉오리 터져
기다리던 꽃 피는

봄꽃 중에 먼저
봄을 피어 내게 온 네가 반갑고
고마워 내 가슴에 품고
향기로운 매화 향기에 취해
다친 오른 팔 치켜들어 너를 안아 품으니

나도 너처럼
다시 꿈꾸는 봄날에 산다

떼죽나무 꽃이 피네

윤사월 해 길다
뻐꾸기 울음 우는
산에
떼 지어 종(鐘) 모양 흰 꽃피네

눈꽃처럼 하얗게 꽃이 피네
떼죽나무 하얀 꽃이 줄줄이 매달려 피네

윤사월

그리움 품고 뻐꾸기 울면

울음소리 따라

산에, 산에 하얀 때죽나무 꽃이 피네

제3부

연꽃처럼 여름사시게

여름이 보내 온 선물

기다림 끝에 오는 만남이 소중하듯
활짝 피어나는 순결한 꽃
백련(白蓮)
하얗게 피어나는 꽃향기 내 몸에 담아 놓고

그대를 그냥
이대로 두고 보기 아까워
하얀 물감으로 내 마음 속 화선지에
백련 꽃, 그대를 그려 걸어 놓고

멀리 바라보기 아쉬워
보고 싶은 다른 계절을 위해
여름 화폭에 담아
백련 꽃, 그대를 가까이 두고
나 혼자만의 여름 선물(膳物)로 꺼내 보렵니다

연꽃 만나는 바람 같이

지루한 장마 끝에
파란하늘 흰 구름 흐르는
연꽃 만나는 바람 같이

여고생
입술에 찍어 바른 연분홍 립스틱빛깔 같이
앙증스런 연꽃잎에 물든 태극 물결 문양 같이
연꽃에 바람이 나풀거리며 수다 떠는 풍경이
반가워 집 나간 혼을 깨워 불러들이듯이

서해(西海) 먼 바다 건너
연 밭으로 몰려온 바람이
연꽃잎 끝에 색동 물들이며 머물면
연꽃은 덩실덩실 춤추며 다시 내 한 해를 꽃 피우고,

연꽃 만나러 오는 바람,
그 바람은 고마운 바람
그래서
칠월 비 개인 날
연꽃 만나는 바람 같이
연꽃을 만나 중년 여인에 낮은 목소리로 노래 부릅니다

연꽃처럼 여름 사시게

이보시게
우리 연꽃처럼 여름 사시게

사뿐사뿐
나풀거리는 고전무용 무희(舞姬)처럼
바람이 머물고 떠난 연(蓮) 꽃잎 같이

시집가는 날
하얀 드레스 입고
머리 곱게 다듬고 거울 마주 한 신부(新婦) 같이

잠시 왔다 흔적 없이 가는
연잎에 스쳐 가는 바람 아니고
백련(白蓮) 꽃 찻잔 속 맴돌며 몸에 스며드는 향기이게

이보시게
시방 장엄한 이런 연꽃 만나는 것 행운 일세
연꽃처럼 여름 사시게

그곳에 살고 싶습니다

당신과 함께라면
연향(蓮香)이 넘실넘실 피어오르는
그런 세상에 가고 싶습니다

연꽃 향기 아직 익지 않았어도
당신과 함께라면 그곳으로 가겠습니다

칠월에는
내 마음에 고향 같은
연꽃 피는 세상 그곳에 가고 싶습니다

그곳에 당신과 함께
내 사랑이 피어나는
연꽃 피는 향기로운 세상에 살고 싶습니다

수련垂蓮 꽃의 하루

찻잔 속 같은 연못에 핀
수련(垂蓮) 꽃
물결치는 대로 연못 속을 들락거리다
눈 부비고 물 밖으로 나오는

해 뜨는 아침
연못 터줏대감 수련 꽃 곁에
더부살이로
신방(新房) 차리는 잠자리는
마치 등잔불 아래 미닫이문 창호지에
그림자 드리운
어머니 다듬이 질 하는 풍경처럼

잠자리 방아 찌며 촐싹대는 물여울에

수련 꽃 피는 여름이 성스럽게 익어간다

연꽃이 주는 말

바라만 보고 있어도
마냥 좋은
연꽃에 취해 여름은
백련 꽃향기에 빠지고,
홍련 꽃에 눈이 부셔
연꽃 말고는 하늘을 볼 수 없는

연꽃이
연 잎 사이로 흐르는 연(蓮)바람,
꽃바람에 실어 주는 말

당신을

연꽃으로 병들게 한 것,

모두 내 탓입니다

연꽃처럼 향기로운 시어(詩語)로

연꽃 사랑 병을 고치시구려

연꽃으로 피어나라

꽃 피어라, 꽃 피어라
한강물살에 꽃바람으로 양념 치듯이
말끔하게 그리고 뽀얗게 연꽃으로 피어나라

연꽃으로 피려거든
그윽한 연향 풍기는 백련(白蓮)으로 피어나든지
발갛게 홍조(紅潮) 띄워 활짝 웃는 홍련(紅蓮) 꽃으로
피어나라

연잎에 빗물 구르듯 맑고 고운
분수 지키는 사랑 빛으로
꽃바람 몰고 온 여름 만나는 인연으로 꽃 피어나라

연꽃 마주하면

마술에 걸려 절로 기뻐지고

우리 사는 세상 말갛게 씻어 주는

연꽃으로 피어나라

관곡지官谷池 연가蓮歌

연실 향수(香水) 퍼 나르는 벌 같이
나는 두고 온 산하(山河)에
내 살붙이를 그리듯
관곡지 연(蓮)꽃 만나 그리움을 달래 봅니다

관곡지(官谷池) 연꽃에는
색동 연향(蓮香) 담아
춤추는 홍학에 날개 짓 같은 기쁨이 넘실거리고,
마치 색동저고리 팔소매 나부기는 명절 날 풍경처럼
보입니다

봉선사 연 밭에 가면

봉선사 연지(蓮池)에
연꽃 필 때
연꽃 마주보면
합장한 여보살(女菩薩)의 가녀린 두 손 같고

다시 보면
큰 법당 석가모니불,
가부좌(跏趺坐)한 연좌대(蓮座臺) 같고

봉선사 연꽃 보면
예불 올리는 스님에 목탁 되어
독경(讀經)소리 은은하게 퍼져 날 것 같고

백련, 홍련 할 것 없이
모두 부처 닮은 연꽃 같아 마음 편안하더라

연꽃 편지 두 꼭지

내 연꽃 사랑도 병(病)이런가 봅니다
천둥 벼락 치는 소나기 지나가고
햇살 비추는 아침, 얼굴 삐쭉 내밀듯이
백련(白蓮), 홍련(紅蓮)이 보내 온 소식입니다

햇살 따가운 여름 낮에는
곱고 하얀 꽃 입 다물고 향기 품었다가
강바람에 실어다 소식으로 전하는 양
백련(白蓮)은 백련 꽃대로 순결하게
뽀얀 향기 풀어 말하고

홍련 피는 연(蓮) 밭에는
홍련 꽃그늘 아래가 좋아
연 잎 아래 숨어 있는
미인(美人) 기다리듯 임금처럼

눈 깜박이며 홍련 꽃 곁 지키는
지킴이처럼
나는 연 못 속 청개구리 되렵니다

홍련(紅蓮)은 홍련 꽃대로
얼굴 붉히는 수줍은 새댁처럼
발갛게 연 밭을 물들이고 있습니다

세미원洗美苑 홍련紅蓮 앞에서

옛날식 초가집
안방 천장 속에서 밤이면 경주하는 쥐처럼
세미원(洗美苑) 홍련 요란하게 꽃 피어나는
조용한 함성(喊聲)에 귀 먹고
고운 자태에 눈이 호강하나 봅니다

그보다
수줍게 옆집 아가씨처럼
얼굴 벌겋게 달아올라
잊지 않고 오셨군요
반갑게 인사 건네는 세미원 홍련(紅蓮) 앞에서

마치
맞선 보러 나온 남정네 같이
뛰는 가슴으로
차고 넘치지 않는 홍련의 고운 자태 앞에서

한해에 절반을 갇혀 살다
해방감에 마스크를 내려 턱에 걸친 채
강바람에 파도처럼 밀려오는
연향(蓮香)에 취해 마음을 씻어 냅니다

바람 불어 좋은 날에

연꽃 춤추게 하는
때 맞춰
그대 연꽃 만나러 오시렵니까

신장개업 가게 앞 풍선 마네킹처럼
연꽃 춤추는 연 밭으로 오시면
배 볼록한 젊은 임산부(姙産婦) 마냥
자랑처럼 배 내민 백련 꽃봉오리 꽃향기 뿜어내며,

바람이 헝클어 놓은 연꽃은
여자 리듬체조 선수에 요염한 율동 보듯
춤추는 무희 마냥
바람 만나는 연꽃 같이
나는 흰머리 날리며 연 밭을 누비고 있습니다

바람이 연꽃 만나는 날에
엉덩이에 뿔난 황소처럼
연꽃 만나 기뻐 날뛰는 행복을
나 혼자 차지해도 괜찮은지 알 수 없습니다

제4부

가을빛 선물

들국화 피는 산사山寺

섬돌 위 가지런히 놓인
흰 고무신처럼
섬돌 곁 하얀 들국화 터 잡아
밤새워 피어낸 산사(山寺)에

잠 못 이루고
밤 지새운 귀뚜라미 울음소리
가을 연주곡(演奏曲) 삼아
하얗게 고개 들어 들국화 피는

산사에

가을 들국화 섬돌 곁에
옹기종기 모여 독경(讀經)하듯
다정한 웃음 하얀 들국화
저무는 산사(山寺)에 하루 해 짧다

가을은 내 침실 창문으로

내가 기다리는
가을은 내 침실 창문으로
새벽이면 오나 보다

가을이 바람에 실려
침실 창문으로 오면
내 침실에 가둬놓고
온몸으로 반갑게 만나겠네

내가 기다리는 가을은
낯익은 가을바람 타고
새벽 내 침실 창문으로 숨어 오나 보다

가을 편지 Ⅱ

여름은 들창문을 닫아걸고
가을이 코앞에 왔다는
소식 전하듯이
짓궂은 가을비 내 마음 속에 앉아

가을은
길섶에 코스모스 피우고
꿀 먹은 갈꽃에 나비 춤추며
빗물이 그리움인 양 날개로 펴 나르는

빛 고운 가을에
차 한 잔 우려 내놓고
나는 가을 숲이 보이는 문 틈 사이로
그리움과 마주하려 합니다

가을빛 선물

가을에는
안부 묻고 싶은 사람이 있는 것처럼
가고 싶은 곳이 있습니다

하늘이 내려주신
빛 고운 가을 선물을 혼자 보는 것이
마치 목구멍에 걸린 생선 가시처럼 마음이 찔려
가을빛 선물을 나눕니다

주전골 독주암(獨住岩)은
이름난 미용사의 가위손으로 다듬어 놓았는가

주전(鑄錢)골 골짜기는
조물주의 그림물감으로 툭툭 뿌려 산을 그렸는가
빛 고은 가을빛을 풀어 시냇물에 흘려

우리 사는 세상이
온통 가을빛으로 물들어
세상사람 모두에게 가을빛 선물을 나누어 주면
우리 사는 세상은 이보다 더 수려(秀麗)한 걸작품(傑作品)
가을빛 수채화 선물로 나타나겠지요

올 가을 흘림골 최고에 선물(膳物)
가을빛 수채화(水彩畵) 액자 한 폭 보냅니다

난향 딸려 온 가을

내 가난한 난실에
대장간 불화로보다 무덥던 여름 이긴
소심(素心)이 좁은 화분 가득 채우더니
무서운 물 폭탄 가을비 지나가고
꽃대 올려
티 없이 맑은 얼굴로 꽃 피었구나
가을은 그리움 놓고 금방 간다 했는데
가을이 내 마음에는 소심(素心) 난향(蘭香) 딸려 왔나
보다

야고野菰 비추는 햇살처럼

야고(野菰) 어디서 왔는지
나는 그대 고향을 알 수 없습니다

한강 휘둘러 흐르는 강 언덕 억새 숲에 숨어 꽃 피는
더부살이 꽃, 야고(野菰)를 아시나요
여러분
억세 숲에 숨어 피는 꽃, 야고(野菰) 보셨나요

인생의 오랜 방랑길 걸어온
은발 머리에 중절모 쓴 노신사 입에 물린 파이프 담뱃대 같은,
햇살에 내린 그림자 곱게 얼굴 내밀며
억새 뿌리에 붙어 숨어 피는
마치 사랑방 선비의 곰방대 같은 야고(野菰) 보셨나요

하늘에서 별똥별이 지난밤 떨어지더니
희귀한 꽃,
그냥 한량(閑良)이 멋으로 입에 꼬나 문 파이프 속
연초(煙草)에 떨어져 불붙을 것 같은
야고(野菰)는
밤하늘에서 소풍 온 꽃으로 우리 곁에 온 선물인가 봅니다

야고(野菰), 그대 다시 만나 반갑습니다
강바람 맞으며
시원하게 억새 우는 강 언덕에
더부살이로 사는
야고(野菰) 비추는 햇살처럼
억새 숨소리에 숨어 피는 외로운 꽃, 만나 참 고맙습니다

가을로 가는 길

가을로 가는 길은 강물처럼 밀려 왔다 소리 없이 흘러
간다네

그 길에는
여름 끝자락 골목 밖까지 마중 나와
가을이 오기만 기다리며,
기다림은
단풍으로 윤기 조르륵 흐르는 가을빛 무지개를 뿜어
내고,

가을빛에 그리움 피어나면
그리움 속에 사랑 수놓는
가을로 가는 길에는
가을빛으로 색칠한 단풍잎이
산을 타고 물안개 오르듯 성큼성큼 피어오르고,

내가 기다리는 가을은
그립다고 말 못하는
그리움 품은 갈바람에
단풍으로 물든 가을빛,
속삭이며 낮은음자리 가을로 가는 길 간다

억새 우는 강 언덕에서

한강을 옆구리에 낀 억새 우는 언덕에 올라
청라(靑蘿) 보다
눈부신 은빛 머리 억새가
바람에 눕는 강 언덕에서
강 건너오는 기쁜 소식을 기다립니다

청와(靑蛙)처럼 뜀뛰기를 즐기는
얼간이 아니고
대답 없고 보이지 않는
허깨비도 아닌

억새 바람에 스쳐 우는 소리는
어찌 보면
광화문 광장에 모인 민초(民草)들 함성 같고,
또 귀 기울여 들어보며
인왕산에 부딪히고 돌아오는 메아리 같고

억새 우는 강 언덕에서
외로운 인생길 걷듯
눈을 감고 귀를 열고 듣는
억새 바람에 우는 소리
강 건너에서 오는 반가운 소식으로
한강 강바람에 누웠다 일어서는 억새의 울음입니다

하늘에 달린 감을 보며

들창문 밖에서 어머님이 대답하실 것 같아
가을을 매달아 놓은
장독대 뒤 감나무에
파란 하늘에 주렁주렁 달린 감을 바라보다

어머니 생각에
그 중 빛 좋고 잘 익은 감을 따다
어머니에게 드리려
파란 하늘로 손을 뻗어 감을 따도
소용없어,
떠나신 지 오래 된 어머니는 보이지 않는다

목마른 가을

달빛 받아 피는 달맞이꽃
때 잘못 알아
눈부시게 활짝 피어
인사 없이 여름은 떠나가고

목마른 가을
시절을 잘못 읽어
파란 가을하늘에
흰 구름 그네 삼아 띄어
시끄러운 세사(世事) 잊으려
가을보다 목 타는 세월을 산다

국화꽃 피는 가을에

사랑하는 사람이여
국화꽃 노랗게 피는 가을이 왔습니다

어느새 나뭇잎 붉게 물들고
겨울채비 하며 낙엽 되어 바람에 뒹구는데
오늘 아침 무서리 내리더니
뜰 앞 소나무 아래
작년 이 맘 때 피었던 국화꽃 피었습니다
뜰 앞에 노란 가을이 피었습니다

멀리 사는 자식 같은
내 곁에 핀 노오란 국화꽃이
누군가 보내 온 선물꾸러미처럼
국화 향기 그윽하게 내 뜰을 꾸미고 있습니다

이렇게 좋은 시월에
국화 향기로 데워 놓은
찻잔에 흠씬 꽃차를 따라
가을을 마시며
인생에 가을을 노래하고 싶습니다

낙엽 편지 Ⅱ

가을 보다 바람이 먼저 옵니다
여름이 덧문을 닫을 때도 바람이 먼저 불지요
가을이 온다는 소식
바람은 겨드랑이로 스며들어
길섶 코스모스를 피우고
달빛 아래 그리움 한아름 놓고 금방 갑니다
빛 고운 가을이 오면
차 한 잔 우려 놓고
가을 숲이 보이는 창가에 앉아 그리움과 마주하려 합니다
가을 쓸쓸하지 않았으면 좋겠습니다
그리움으로 멍이 들면 낙엽편지 한 장 띄우겠습니다

바다는 파도를 낳고

바다에는 파도가 살아
사람 사는 세상으로 밀려 나오고
파도 흰 이빨 들어내며 성난 얼굴로 덤벼오는

때 늦은 4월에
백봉령 폭설은 무슨 일이런가
계절 잊은 흰 눈은 산을 겨울옷으로 하얗게 갈아입히고

산과 바다가
아이처럼 기다림 가득한
바다는 파도를 낳고
산은 흰 눈을 낳는
잔치 상 차려 몸으로 세상사람 만난다

낙엽 되어

하늘에서 별을 따다
우리 사는 세상에 내려놓았나 보다

가을이 남긴 추억을
그림엽서로 접어놓았나 보다

빨간 등(燈) 노란 등으로
하늘에서 내려 온 네거리 신호등 같이

가을과 이별하는 신호등으로
조각보 만들어
이별 뒤에 만남 약속하며
우리 사는 세상에 낙엽 되어 내리는가보다

하얀 국화 앞에서

가을인가 봐
세상 살아가며 내 것 따로 없는
하얗게 세상을 피워내는

새벽 잠 깬 하얀 국화꽃이
내 눈에는
아침 밥사발 위에 수북하게 담긴
윤기 흐르는 하얀 쌀밥처럼
마음 가득 채우니 가을은 배부르고 향기로운가보다

해 서산 넘어 숨는
뜰아래 하얀 국화꽃은
마치 저녁밥상 위에 보시기 마다
가득 담아 옹기종이 차려 놓은 밥상처럼
가을을 기다림으로 담아 놓고

바람이 하얀 국화꽃에게 전해준 말로
이 가을
하얀 국화 앞에서 기다림으로 생각을 살찌운다

가을비로 쓰는 편지

이보게 내 친구
밖에는 일기를 쓰듯 가을비가 내리고 있네
단풍으로 물든 나뭇잎에 내리는
스펀지(sponge)처럼 폭신폭신 하게 가을 빗소리 들리고

천둥소리 요란하고 바람까지 세차게 부니
이 비 그치면
날이 추워진다는데
내게는 빗물 먹은 단풍잎에 구르는 빗방울이
은구슬 구르는 친구 노랫소리 같아 눈이 번쩍 뜨이고

그래서
빗방울에 매달려오는 오목렌즈 속
가을이 나그네가 흘리는 눈물 같이 느껴지고

가을비에 무거운 짐 내려놓는 낙엽이
보도(步道)에 떨어진 모습이 마치 지남철 같이
찰싹 달라붙어 지내는 신혼부부 침실 방 같이 느껴지는
것은
아마 나도 젊은 시절을 그리워하는 탓 아닐는지
날이 차가우니 방에 불을 지피고 따뜻하게 지내시게

해국海菊 바다를 품는

그리운 사람은 만나야 하듯
산(山)만 보니,
바다가 그리워
동해 속초 외옹치 바다 향기로(香氣路) 걸어

바다를 이웃하여 해국(海菊)으로
먼 바다 파도 소리 듣고 피는
바위틈에 핀 가을 꽃
그리운 사람 만나는 반가움으로 마주하며

바다가 벗인 양
연보라 꽃잎, 달걀노른자 닮은 꽃술 달고
동해 바다 바위틈에서
가을을 꼬박 새워 바닷바람에 피어

짠 순수한 사랑

바다 품는 해국(海菊)을 노래합니다

한탄강에서

한탄 하나

한탄을 하나

어찌 이지경이 되었나

역사를 깎아 세운
주상절리 벼랑 끝에서
흐르는 강물에 새 역사를
꽃잎처럼 띄워 흘러 보내며
슬픔도 사랑처럼 달콤한 바람에 날려 보내는 사연을
한탄강은 알리라

허물어진
뒤 바뀌고 있는 슬픈 역사에
눈물 흘리는 아픔을
폭포처럼 곧게 소리 내는 까닭을
한탄강은 알리라

아픈 역사에 한탄 하네
내 손으로 어찌 할 수 없는 세상을
한탄 하네

제5부

임금님의 길을 걸으며

사랑이 비처럼 내리는 오월에

비 내리는 오월에
사랑을 비처럼 초록빛으로 적시며

그 숲을 생각합니다
비처럼 사랑이 내리는 오월에

그 실개울을 생각합니다
사랑이 비처럼 내리는 오월에

꽃 잎에 맺힌 빗방울처럼
빗물 머금은 나뭇잎처럼
사랑이 가슴 속 깊이 적시는 오월에

사랑이
나뭇잎에 구르는 빗물 같이
빗물이 강물처럼 흐르는 오월에

사랑이
비처럼 내리는 푸르른 오월에
생각합니다

산사에 봄눈이 오네

봄눈이 오네
온 세상 하얗게 봄눈이 오네
자재암(自在庵)에 봄눈이 오네

봄눈이 쌓이네
산사(山寺)에 봄눈이 쌓이네
불사(佛事)하려 포개 쌓아 놓은
기와 위에 불심(佛心) 두께 만큼 봄눈이 쌓이네

봄눈이 오네
산사에 염불 들어가며
봄눈이 오네
산사에 하얗게 눈이 내려 쌓이네

연꽃처럼 세상 사시게나

사뿐사뿐
나풀거리는 무희(舞姬)처럼
연(蓮) 꽃잎에 머물고 떠난 바람 같이

시집가는 날
하얀 웨딩드레스 입고
하객(賀客) 앞에 선 신부(新婦) 같이

잠시 머물다 흔적 없이 떠나는
연잎에 스쳐 가는 바람 아니고
찻잔에 앙금처럼 남긴 연꽃 향기 같이

이보시게
연꽃처럼 세상 사시게나

보리수菩提樹

부처는 보리수(菩提樹) 아래에서
진리를 터득하였다는데
나는 도대체
보리수나무 아래 며칠 앉았어도
깨달음커녕
그저 빨간 보리수 열매를 말려 쓸 궁리나 하니

보리수 빨갛게 익어 어디에 쓰려나,
기침 자주하는 아내에게 다려 먹게 하면
사랑 받겠지

촘촘히 달린
보리수 열매 따다
앞가슴에 사랑의 열매 삼아 뱃지 달아
기다림의 깨달음을 깨우쳐 얻어 볼거나

임금님의 길을 걸으며

젊은 날 걸었던
낙엽 쌓인 그 돌담길을 불볕더위 속에 걸었네
친구
내가 길 잘못 든 것은 아니기를 바라며 조바심 갖고
걸었네

임금님처럼 당신 몸 하나 숨자고
망해가는 나라 공관을 찾아 아관파천(俄館播遷) 하던 길
걸으며 오늘을 보고 있네
친구
사방을 둘러보니 돌담길이요
우리 궁궐 돌담길이 남의 나라 공관으로 막혀 있네

왜구(倭寇)가 우리나라를 삼키려고 하니
임금이 자신과 자녀만 살겠다고 백성을 버리는
그 시절을 잊기 위해
나는 이 길, 고종의 길, 치욕의 길을 걸었네
친구

내 조바심은 두려움으로 바뀌고 있네
지금 우리는 망해가는 나라를 짝사랑하고
대한제국 임금님처럼 갇혀 사는 잘못은 아니겠지
피로 지켜준 친구의 나라, 이웃나라를 멀리하는 그런 일
아니지
궁궐 돌담길이 막혀 갈 수 없어 궁궐 담을 허물어 길을
내었네
친구
내 나라가 길을 잘못 든 것이 아니기를 바라며 두려움
으로 걸었네

북한산에 봄눈 내리던 날에

내 어릴 때
봄눈 녹아 홍릉천(洪陵川)물이 불어
맑은 물 흐르는 날
작은누나는
개울 물 철철 흐르는 빨래터에서
가마솥에 양잿물 풀어 삶아 곱게 빨아낸
옥양목 이불호청을
홍릉천 뚝방 양지바른 비탈에 널어 하얗게 빛을 냈다

어제 내린 봄눈이 북한산을
하얀 옥양목 이불호청으로 덮어
설산으로 꾸미어 놓았나 보다

봄눈은 산꼭대기에서
산 아래로 흘러 내려
온 산을 허옇게 설산(雪山)으로 가꿔
마치 옛날 홍릉천 비탈진 뚝방, 옥양목 이불호청 마냥
하얀 봄빛으로 빛나고 있다

절 아래 내려온 가을 소식

절간이 사진 속처럼 조용하다
가을은 절 뜨락에서 시작하여

승방 딸린 툇마루에 기대
가을 문지기로 서서 염불 듣는
하얀 들국화 한 무더기
하얗게 세월을 비껴 웃고

가을 햇살이 좋아 바위에 나와 앉아
목 길게 빼고
섬돌에 기대어 하얀 들국화
절 아래로 내려와 가을 소식 속삭여 주는 날에

간밤 무서리 대신
가을비 맞은 노란 국화꽃이
석탑 앞에 질펀하게 피어
높고 파란 가을 하늘 흰 구름과
짝꿍처럼 죽이 맞아 노란 국화꽃 가을을 낳는다

자락 길 걸어서

내가 기다리는 사람은
젖은 낙엽 밑에 그리움 밟고 오시려나보다

길은 통한다는 말 같이
푸르른 담쟁이 나무 등걸 기어오르는
숲을 지나
메타세콰이어 길 따라 산자락 길을 돌아가면

산 아래에는
길은 통한다는 말 믿고 사는
백성이 주인으로 모여 촌락 이루고

주인처럼 행세하는
못난 임금 귀에 못이 박히도록
사연을 외치는
백성에 숨결 들어도 옴짝 하지 않아

나는 목마른 심정으로
메마른 낙엽 밟아 바스락 거리며
길은 통한다는 그 길을 걸어가고 있네

언제 쯤 오시려나,
내가 기다리는 사람은

아차산에 올라

나는 6,25 동란 후 9,28서울 수복 된 뒤
어머니 행주 치맛자락 잡고 왕십리에서
엑끼산 까지 식량을 구하러 가곤 했다
지금은 이름 바뀌어 아차산(峨嵯山)이 되어

고구려 장수 만나러 가듯
삼국시대 싸움 하듯
온 나라를 동서로 남북으로 그것도 모자라
좌우로 나누는 전쟁터에 살며

부연 안개 속에
한강물이 흐르는지 분간 못하는 날에
주인 잃은 돛단배처럼
한강에 물어 본다
지금 우리는 어디로 가고 있는가,

내 어릴 적 추억
찾으러 아차산(峨嵯山)에 올라
집에 도둑이 들어도 짖지 않는 개 같은 유랑자로
산에 물어도
메아리 오지 않는 세상을 우리는 사나보다

산사에 가을

산사(山寺)에서
내려놓는 가을 풍경으로

꽃밭에서 가을바람 따라
춤추는 나비 꽃 속에 숨어 산사에 가을을 주워 담고

연못 바위 위에
머리 쏙 빼고 일광욕하는 자라
절 아래 세상구경 나오는 동자승(童子僧) 같고

풍경소리 엿듣고

주인 없는 의자 위로

툭툭 떨어지는 낙엽 지는 소리에

염불보다 가을 풍경에 마음 끌리는 까닭을 알 수 없어

절 아래로 절 아래로 굴러 내려간다

갈매기 꿈같은 날에

하늘빛이 바다 빛이니
수평선이 어디인지 알지 못해

바위섬에 외로운 갈매기처럼
난간에 기대 수평선 바라보는 나그네 되어

단꿈 꾸는
모래사장 위 갈매기 쉼터에
젊은 신혼부부에게
보금자리 내주는
갈매기 오수(午睡)를 즐기는 바닷가 모래사장

나는 덩달아 오래전 사진첩 열어보듯
밀려오는 파도소리에 귀를 열고
갈매기 꿈같은 젊은 날에 추억을 불러본다

봄입니다

봄입니다
봄입니다
나도 노란 봄입니다

노란 생강나무 꽃이
알싸한 봄 향기 뿜으며
나도 봄입니다
올 봄도 외치고 있습니다

눈비 개인 날
샛 노랑 생강나무 꽃
잊지 아니하고
노랑 봄날 노랗게 칠하고 있습니다

제6부

겨울에 쓴 편지

겨울에 쓴 편지

이보게
이(齒)가 시리도록 차가운 겨울바람에
계곡물 꽁꽁 얼어붙는 추위로
말문이 막히던 그 추위가 그립기까지 하네
겨울은 겨울
다워야 하네

지난봄은 들꽃에 묻혀 가는 세월 부끄러운 줄 몰랐고,
배꽃이 핀 4월에는 배 밭에서 하얀 순결에 빠져 눈썹 마저 하얗게 세었고,
연꽃에 미쳐 연꽃 피는 마을에서 방황하며 연향에 취해 여름을 보내며
가을 오기를 기다리지 않았는데 산야는 오색으로 단풍 물들고
얼굴 단풍처럼 붉히며 세월 가는 것을 아쉬워했네

이보게
가는 세월 어쩔 수 없나보네
발가벗은 나뭇가지에 새들 앉아 맑은 소리로 하얀 겨울
이야기 노래하네
더 늙기 전에 겨울을 더 사랑하게 되기를 바라네

동네 골목길에 메밀묵, 찹쌀 떡 장수 쩌렁쩌렁 목 빼
는 소리가 정겹고
하왕십리 전차 정거장 앞 군고구마 장수가
양회부대 종이 봉지에 군고구마 담아 건네주며
언 손 녹여주던
모락모락 피어나는 정이 그립고,
스케이트 칼날 썰매 쇠꼬챙이에 걸어 어깨 메고
개울로 나가 얼음 쪼개는 추위도 무섭지 않았던 그림을
추억의 도화지에 글씨 쓰듯 겨울이야기를 널어
미닫이 창틈 문풍지 흔들며 들어오는 겨울바람에
하얗게 얼어붙은 겨울 추억 불러 편지를 쓰네

이보게
대문밖에 성가대원들이 기쁘다 구주 오셨네!
성탄 축하 새벽송이 그리운 12월에 편지를 쓰네
더 이상 나이 먹지 마시게 아프지 마시게

설중雪中 산수유山茱萸

첫눈이 오네,
기다리던 첫눈이 오네
온 세상 하얗게 함박눈 내리네

갓난이 입술 같은
빨간 산수유 위로 하얀 눈 내리고
눈 속에 갇힌
빨간 산수유 알알 위에 쌓인 첫눈 녹아
맺힌 눈물(雪水)은
천사의 눈물 같아
손녀 딸 안경 너머 맑은 눈동자 같네

눈이 내리네
기다리는 눈이 내리네

설중 매화(梅花) 곱다더니
설중(雪中) 산수유(山茱萸)만큼 고울까 마는
눈 녹을까 애타는데
아직도 온 세상 하얗게 눈이 내리네

소한小寒에

애야
영미다리 밑에 깡통 찬 거지가 얼어 죽었단다
이 추위에 무슨 썰매 지친다고 이 난리냐
어릴 적 엄마 말씀이 들린다

소한 추위에 아랫목 장판이 누렇게 타도록 아궁이에 장작불을 때
형제자매간에 서로 아랫목 차지하려고 박 터지던 시절
우애가 그리운
올 소한에는
대한(大寒)이 소한(小寒) 집에 놀러 와도 얼어 죽지 않을 것 같다

보리밭에 이불처럼 눈이 내려 하얗게 덮어주기 기다려본다

1월에는

1월에는
애타게 그리운 사람 그리워하고
보고 싶은 사람 용서하며 살게 하소서

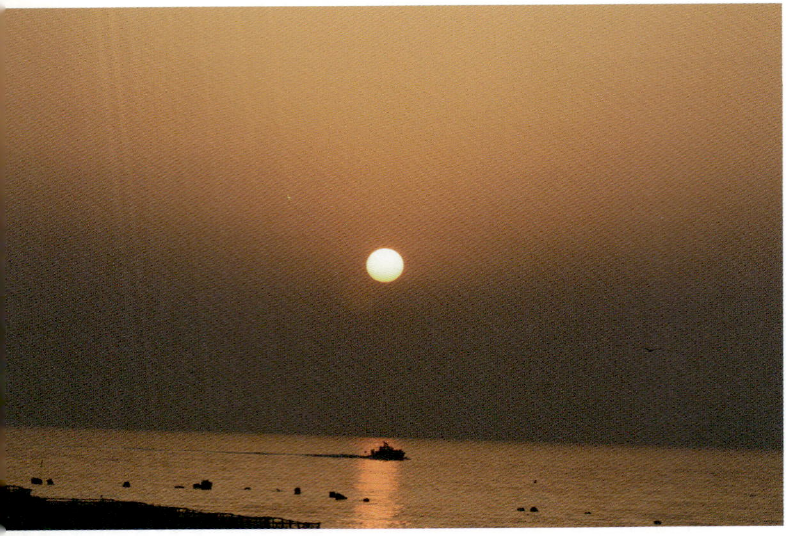

가슴 뛰게 하는 사람
마음으로 껴안으며
손잡고 인생여행 길 기쁨 나누며 살게 하소서

1월에는
한해 내내 그리워하고
그저 산다는 의미 하나로 사랑하며 살게 하소서

벼랑 끝에 핀 들국화로 쓰는 연가戀歌

이 가을 외롭거든
강가에 나가 바람에게 물어

가을이 익어가는
한탄강 벼랑 끝에 핀 들국화 한 묶음 가을바람에 엮어
고운임께 드리면
반갑다, 너로구나, 여기시며 좋아 하실까

올 가을
벼랑 끝 강가에 매달려 핀 들국화처럼
억세고 향기로운 내 임이
강 건너에서
벼랑 끝에 바둥대며 들국화를 카메라 눈에 담는
내게

발밑은 천 길 낭떠러지 아래 강물 무섭게 흐르고 있어요
미끄러져 쏟아지지 않도록 조심하셔요
전화로 안달이다

그래도
내 고운임께 보여줄 벼랑 끝에 핀
들국화 오롯이 담아
강 건너 내 임에게 전송 보내니

강바람에 실려 오는 답신
액자에 담아 걸어두고
끈질긴 사랑과 생명으로 가을을 피어 낸
벼랑 끝 들국화 같이 우리 사랑 가꾸어 가요

살마금

공중목욕탕 43도 열탕만큼 무더운
여름 더위 이기고
태풍 따라 온 소낙비에 피었는가 보네

여인의 주름치마 같이 흰줄 난 잎에
기도하는 보살(菩薩)처럼
비단 자줏빛 줄무늬로 피어나는 혜란(蕙蘭) 꽃
살마금(薩摩錦)이 오늘 아침 우리 집에 화려하게 피었네

살마금 꽃향기,
복숭아 향기에 취하고
화사하고 맵시 고운
한란(寒蘭) 꽃 만나는 안복(眼福) 누리니

올 여름 긴 긴 무더위 보내고
시원하고 산뜻한 가을이 머지않아 오려나보네

살마금 난(蘭) 꽃 피고나면
한가위 명절 가까워지는데
추석 음식 준비 한다고 아내가 앞치마 두를 때 되나
보네

까치밥 가을 지킨다

새벽에
파란하늘이 내려준 서리가
내 뜰에 하얗게 반짝이면
감나무에 한 알 남은 단감 익을 때 기다리는
까치가 안달이 나
주둥이로 가을을 쪼아 조각품 만들며 우물을 판다
단감 한 알이 파수꾼처럼 파란 가을하늘에 매달려 가
을을 지킨다

장마가 흘리고 간 선물

들꽃 보다 고운 빛으로
들꽃처럼 탐스러운 얼굴로
우리 사는 세상으로 달려온

들꽃 보다 아름다운 웃음으로
칭얼대는
마음에 담아 간직하여 행복한

그러나

들꽃 보다 오래 머물지 못하고

사라지는 아쉬움

꽃보다 아름다운 선물

장마가 흘리고 간 독버섯이어라

석란石蘭

잿빛하늘 핑계 삼아
봄이 온 줄 착각 하였는가
우리 집 온 지 40년 다 되가는
늙어 말라빠지고, 꼬부라져 볼 품 없는 석란 꽃대에
연분홍 석란 꽃이 한 송이
봄바람에 팔딱이듯 마지막 꽃 피운 석란 꽃 한 송이,

신춘(新春) 의상 발표회장 무대에 선
모델 입술에 보랏빛 립스틱 마냥
석란 꽃이 한 송이는 피고
나머지 한 송이는
드디어 실눈 내리는 오늘아침 꽃망울 터뜨렸네

세월이 수상하여 蘭 꽃도 피는 시기를 몰라
봄 아닌 한 겨울에 피어, 봄을 피워내고 있으니,
아마도 봄바람 따라 꽃 소풍 가는 날이 가까워 지나보네

여름, 매미 울음소리 자리 내주는

사람체온 36.5도 보다
높은 목욕탕 열탕 같은 41도로 끓어오르는
찜통더위 여름이
111년 만에 신기록 세우는 날이 무려 백일을 넘어 가니

나무그늘에서 아침부터
여름자리 지키는 매미에 앙칼진 울음이
여름 자리 고집 세우는
아침부터 요란한 여름밤이 무서운
잠 못 이루는 열대야는 언제쯤 마감되나,
내일 모레 말복에는 매미 울음소리 그치려는가,
매미 울음소리 가을에게 자리 내주려는가 여름아

비행선을 타고

하늘에는 비행선로 그려 하늘 길 열리고
나는 동화 속 성냥팔이 소녀 되어
겨울나무 전기 줄에 걸려 소리 내어 노래하던 날
남미 여행에서 돌아온 친구에 구수한 이야기 들어가며
난생처음 맡아보는 38도 술 향기와 데킬라 석 잔에 정
신이 맑아져
안데르센 동화 속 벌거벗은 임금처럼
여행 이야기를 까치집에 얹어
파란 겨울 하늘에 길을 놓아 비행선을 타고 나도 남미로
날아간다

선재길 불빛 수채화

가을이 오면
말없이 찾아가 만나는 풍경이 있습니다

아애 산에는 연락 없이 무작정(無酌定) 달려간
오대산 선재길에 불이 났어요
불이야
함성이 절로 나고
불자동차 사이렌 소리 울리지 않아도
불타는 단풍에 오히려 눈이 호강입니다

선재길 골짜기에는
다닥다닥 붙은 판자집 불길 같이
이어 불타고 있는 것처럼
나무들 줄줄이 불이 이어 붙은 것 같이

빨간 불빛으로 물드는
단풍은 계곡물까지 불빛으로 물들어 흐르고

산은 온통
조물주가 붓으로 툭툭 찍어 놓은 듯
그대로 커다란 가을 수채화를 그리고 있습니다

아직도
선재길은 단풍으로 불타고 있고
개울물은 단풍빛 물고 불빛 수채화를 완성하고 있습
니다

봄, 봄, 봄은 오는가 보다

저기 저산 너머에서 봄은
산 넘어오는가 보다
입춘이 내일 모래

봄은 팔랑거리며 오는가 보다
그리움 품은 사랑 같이
비를 머금은 구름 같이
봄은 실개울 왜가리 날개 짓 같이

내 마음에 봄은 오나보다
봄눈 속에서 눈 녹여 핀 아픈 봄꽃 같이
겨울 쪼개고 캐어 낳은 노란 봄꽃처럼
봄눈 오길 기다리는

봄, 봄, 봄은 오는가 보다
그리움 품은 기다림 같이
실개천 물색 찰랑거리며
봄은 춤추는 왜가리 그림자에 봄빛 달고

금계국金鷄菊 피는 계절

황금빛 세상이
눈부시게 피었습니다

금계국(金鷄菊)으로 장식한
황금빛 세상에 쉬었다 가시게

졸음 오면
꽃 속에 잠들고
바람이 불어오면

금계국 피는 계절에

금빛 울음으로

쉼표 없는 음계로 수놓아

찬란한 황금빛 계절을 노래 부르시게

이영순 제3詩寫集
사는 게 별것 있나요, 들꽃처럼 사시게

초판 1쇄 발행 | 2020년 8월 28일
지은이 | 이 영 순
발행인 | 윤 진 영
발행처 | 도서출판 대학서림
주　소 | 03076 서울시 종로구 혜화로 2길 8
전　화 | (02) 763-1220, 744-2811
등　록 | 1965. 1. 20
번　호 | 1-88
ISBN | 978-89-6940-237-0 03810

이 책은 저작권법에 따라 보호받는 저작물이므로 무단전재와 무단복제를 금지하며 이 책 내용의 전부 또는 일부를 이용하려면 반드시 저작권자와 서면동의를 받아야 합니다.

저자와의 협의에 의해 인지를 생략합니다.